Inhalt

Die betriebliche Ausbildung - welche arbeitsrechtlichen Grundlagen sind zu beachten?

Kernthesen

Beitrag

Fallbeispiele

Weiterführende Literatur

Impressum

GENIOS WirtschaftsWissen Nr. 08/2008 vom 11.08.2008

Die betriebliche Ausbildung - welche arbeitsrechtlichen Grundlagen sind zu beachten?

I.Lukmann

Kernthesen

- Das novellierte Berufsbildungsgesetz regelt das Berufsausbildungsverhältnis zwischen Unternehmen und Auszubildenden.
- Neu in dem Berufsbildungsgesetz sind die Regelungen zur Teilzeitausbildung.
- Seit Oktober 2007 können Arbeitgeber für bestimmte Auszubildende Lohnkostenzuschüsse vom Staat

beantragen.

Beitrag

Das Berufsbildungsgesetz (BBiG) ist am 1. April 2005 in novellierter Form in Kraft getreten. In diesem Gesetz sind die rechtlichen Grundlagen zur Regelung der Berufsausbildung in deutschen Unternehmen hinterlegt. In dem BBiG werden zentrale Inhalte wie zum Beispiel die Zielsetzungen, Ausbildungsformen und die Regelungen außerhalb des Betriebes in den schulischen Ausbildungsteilen für Auszubildende geregelt. Das Wettbewerbsverbot und die Möglichkeit einer Verdachtskündigung im Ausbildungsverhältnis sind Neuerungen in den gesetzlichen Vorgaben des Berufsbildungsgesetzes.

Gesetzliche Regelungen im Zusammenhang mit der betrieblichen Ausbildung

Grundlegende Rechtsvorschriften

Prinzipiell gelten die Regelungen des Bürgerlichen

Gesetzbuchs (BGB) für das Berufsausbildungsverhältnis gemäß § 10 Absatz 2 BBiG sowie alle damit verbundenen arbeitsrechtlichen Rechtsvorschriften. In zahlreichen Vorschriften wie zum Beispiel im Betriebsverfassungsgesetz oder dem Bundesurlaubsgesetzes sind die Auszubildenden Arbeitnehmern gleichgestellt.

Regelungen des Bewerbungsverfahrens

Um feststellen zu können, ob Bewerber das Potential für das angestrebte Ausbildungsziel haben, werden im Rahmen von Bewerbungsverfahren entsprechende Fragen gestellt. Hierbei sollte der Arbeitgeber unzulässige Fragestellungen unbedingt vermeiden. Hierunter fallen alle Fragen, die die Privatsphäre betreffen. Dazu gehören zum Beispiel Fragen zur Familienplanung oder Fragen nach Gewerkschafts- oder Parteizugehörigkeit. Wichtige Fragen sind dagegen solche, die im Zusammenhang mit dem Ausbildungsplatz stehen. So zum Beispiel die Frage nach der bisherigen beruflichen oder schulischen Entwicklung oder auch gegebenenfalls, ob ein Bewerber bereits Vorstrafen hat.

Inhalte der Berufsausbildungsvertrages

Gesetzlich wird der Ausbildungsvertrag in § 10 Absatz 1 BBiG geregelt. Grundsätzlich gelten wie für alle Verträge die Regelungen des allgemeinen Teiles des BGB. Zu beachten sind vor allem die Vorschriften, welche die Rechtsgeschäfte mit Minderjährigen regeln. Vor Abschluss eines Ausbildungsvertrages sollten demnach bei Minderjährigen die gesetzlichen Vertreter eine schriftliche Einwilligung beim ausbildenden Betrieb einreichen. Zusätzlich ist nach § 32 Absatz 1 Jugendarbeitsschutzgesetz eine Bescheinigung über eine ärztliche Erstuntersuchung einzuholen.

Der Berufsausbildungsvertrag soll gemäß § 11 Absatz 1 Satz 1 BBiG unverzüglich nach Abschluss durch den Auszubildenden schriftlich in den wesentlichen Inhalten bestätigt werden. Wird dies versäumt, droht dem Auszubildenden eine Geldstrafe, die in § 102 Absatz 1 Nr. 1 und Absatz 2 BBiG geregelt ist und eine Geldbuße in einer Höhe von etwa 1 000 Euro vorsieht. Dies ist auch dann der Fall, wenn Teile des Ausbildungsvertrags unvollständig bzw. nicht in der notwendigen und vorgeschriebenen Art und Weise aufgesetzt worden sind. Anschließend ist nach Abschluss des Ausbildungsvertrages ein Antrag bei der zuständigen Kammer zur Eintragung des Ausbildungsverhältnisses in das Verzeichnis der Berufsausbildungsverhältnisse einzureichen.

Regelung der Dauer der Probezeit

Im Bundesausbildungsgesetz ist die Probezeit in § 20 Satz 2 BBiG geregelt. Danach ist eine Probezeit zwischen einem und vier Monaten üblich. Innerhalb dieses Zeitraumes können beide Parteien das Ausbildungsverhältnis fristlos und ohne Angabe von Gründen jedoch schriftlich kündigen. Ist der Auszubildende vor Ausbildungsbeginn bereits als Praktikant in demselben Unternehmen beschäftigt gewesen, kann das Unternehmen die Praktikantenzeit als Probezeit anrechnen. (1), (2), (3), (8), (11), (12)

Regelungen zur Beendigung des Berufsausbildungsverhältnisses

Nach § 21 Absatz 1 BBiG wird mit Ende der Ausbildungszeit das Berufsausbildungsverhältnis automatisch beendet. Das heißt, dass das Unternehmen keine gesonderte Kündigung aussprechen muss. Die Dauer der Ausbildungszeit ist von dem Berufsziel abhängig und ist der jeweiligen Ausbildungsordnung zu entnehmen. Das Ausbildungsverhältnis besteht demnach auch dann nicht mehr, wenn die Abschlussprüfung erst im Anschluss an die Ausbildung stattfindet. Dabei ist für das Unternehmen insbesondere § 24 BBiG zu beachten: Wird der Auszubildende nach Abschluss der Berufsausbildung ohne besondere Vereinbarungen weiterbeschäftigt, wird aus dem Ausbildungsvertrag automatisch ein unbefristeter Arbeitsvertrag. Daher sollten Unternehmen, die einen Auszubildenden bis zu seiner Abschlussprüfung weiterbeschäftigen möchten, eine Verlängerung des Ausbildungsvertrages abschließen. Ebenso kann das Unternehmen verfahren, wenn der Auszubildende seine Abschlussprüfung wiederholen muss. (5), (7), (9), (12)

Lohnkostenzuschüsse für Arbeitgeber Staatliche Unterstützung für Auszubildende

Seit dem 1. Oktober 2007 können Arbeitgeber Lohnkostenzuschüsse, die im Rahmen der Ausbildungsförderung vergeben werden, nutzen. Die entsprechenden rechtlichen Änderungen sind im

Vierten Gesetz zur Änderung des Dritten Buches Sozialgesetzbuch (SGB III) im Zusammenhang mit dem Recht der Arbeitsförderung und dem Recht der Grundsicherung für Arbeitsuchende erfolgt. Die Änderungen betreffen vor allem jüngere Menschen und sollen diese dabei unterstützen, die eigene Qualifizierung zu verbessern sowie damit einhergehend die eigenen Beschäftigungschancen zu erhöhen. Arbeitgeber können nun von folgenden Zuschüssen und Förderungen profitieren:

1. Qualifizierungszuschuss: Diese Zuschüsse kann das Unternehmen dann erhalten, wenn der neu einzustellende Auszubildende das 25. Lebensjahr noch nicht vollendet hat. Außerdem muss der Bewerber mindestens sechs Monate vor dem Ausbildungsbeginn arbeitslos gewesen sein und über keinen weiteren Berufsabschluss verfügen.

2. Eingliederungszuschuss: Dieser Zuschuss wird gewährt, wenn das Unternehmen jüngere Arbeitnehmer mit einem Berufsabschluss beschäftigen möchte, die neben diesem Kriterium alle unter 1. genannten Kriterien erfüllen.

3. Einstiegsqualifizierung: Die betriebliche Einstiegsqualifizierung ist in Form der Arbeitgeberleistung das SGB III als Recht zur Arbeitsförderung übernommen worden. Die

Einstiegsqualifizierung ist im Wesentlichen ein Sonderprogramm des Bundes zur Förderung junger Menschen, die aus individuellen Gründen eingeschränkt vermittlungsfähig sind oder Auszubildende, welche die so genannte Ausbildungsbefähigung noch nicht erlangt haben. (6)

Fallbeispiele

Der Zentralverband Gartenbau (ZVG) und die Industriegewerkschaft Bauen-Agrar-Umwelt (IG BAU) machen sich dafür stark, dass Anregungen aus den gärtnerischen Arbeitsbereichen in das Berufsbildungsgesetz aufgenommen werden. Die ZVG und die IG Bau haben mit Hilfe von Sachverständigen Regelungen aus dem Berufsbildungsgesetz auf ihre Praktikabilität in ihren Bereichen überprüft. Dabei sind einige Vorgaben aus der Ausbildungspraxis kritisiert worden. Unter Anderem wurden Vorschläge zur Verbesserung der Durchführung von Prüfungen sowie die Anrechnung vollzeitschulischer Bildungsgänge eingebracht. (4)

Das STARegio-Projekt der Handwerkskammer Lübeck und der Industrie- und Handelskammer zu

Lübeck fördert seit Januar 2005 die so genannte Ausbildung in Teilzeit. Damit soll eine familienbewusste Unternehmenspolitik gefördert werden: Junge Eltern sollen die Möglichkeit erhalten, in Teilzeit einen Berufsabschluss zu machen. Diese Möglichkeit ist nun durch die Novelle des Berufsbildungsgesetzes in § 8 BBiG geregelt. (10)

Weiterführende Literatur

(1) Ausbildung (ver)bindet
aus Allgemeine Hotel- und Gastronomie-Zeitung Nr. 21 vom 24.05.2008 Seite 022

(2) Befristeter Arbeitsvertrag - Anschluss an Ausbildung
aus Arbeit und Arbeitsrecht, Heft 4/2008, S. 238-239

(3) Wenn der Azubi klagt
aus Allgemeine Hotel- und Gastronomie-Zeitung Nr. 17 vom 26.04.2008 Seite 023

(4) ZVG und IG BAU fordern Überprüfung des Berufsbildungsgesetzes
aus Agra-Europe (AgE), 49. Jahrgang Nr. 18 vom 28.04.2008

(5) Berufsausbildungsverhältnis kann vor Abschlussprüfung enden
aus Vermögen und Steuern 11 vom 01.11.2007 Seite

011

(6) Neues bei Lohnkostenzuschüssen für Arbeitgeber
aus Handelsjournal / Report Nr. 11 vom 15.11.2007
Seite 055

(7) Die betriebliche Ausbildung
aus Arbeit und Arbeitsrecht, Heft 10/2007, S. 598-601

(8) Vorsicht bei der rechtlichen Einordnung
Praktikantenverträge
aus Arbeit und Arbeitsrecht, Heft 8/2007, S. 456-459

(9) O.V., Ausbildungsverhältnis endet mit Ablauf der vereinbarten Ausbildungszeit, Abschlussprüfung nach Ablauf der Berufsausbildungszeit, Deutsche Handwerks Zeitung, Heft 06/2007, S. 12
aus Arbeit und Arbeitsrecht, Heft 8/2007, S. 456-459

(10) Teilzeitausbildung verhilft zu mehr Berfsabschlüssen
aus Arbeit und Arbeitsrecht, Heft 2/2007, S. 99-103

(11) Dollmann, Bernd, Praktikum und Vergütungsanspruch - Zwischen Einfühlungsverhältnis und verschleierter Probeanstellung, ArbRB - Der Arbeits-Rechts-Berater, Heft 10/2006, S. 306
aus Arbeit und Arbeitsrecht, Heft 2/2007, S. 99-103

(12) VERTRAGSCHECK Diese Klauseln sollten nicht fehlen
aus Consultant, Vol. 8, Heft 10/2006, S. 18-20

(13) Ausbildungsstudie für die Versicherungs- und Finanzdienstleistungsbranche Soft Skills immer wichtiger
aus Die SparkassenZeitung, 20.06.2008, Nr. 25, S. 20

Impressum

Die betriebliche Ausbildung - welche arbeitsrechtlichen Grundlagen sind zu beachten?

Bibliografische Information der deutschen Nationalbibliothek

Die Deutsche Nationalbibliothek verzeichnet diese Publikation in der deutschen Nationalbibliografie; detaillierte bibliografische Daten sind im Internet über http://dnb.d-nb.de abrufbar.

ISBN: 978-3-7379-0212-0

© 2015 GBI-Genios Deutsche Wirtschaftsdatenbank GmbH, Freischützstraße 96, 81927 München, www.genios.de

Alle Rechte vorbehalten. Dieses Werk ist einschließlich aller seiner Teile – z.B. Texte, Tabellen und Grafiken - urheberrechtlich geschützt. Jede Verwertung außerhalb der Grenzen des Urheberrechtsgesetzes bedarf der vorherigen Zustimmung des Verlags. Dies gilt insbesondere auch für auszugsweise Nachdrucke, fotomechanische

Vervielfältigungen (Fotokopie/Mikroskopie), Übersetzungen, Auswertungen durch Datenbanken oder ähnliche Einrichtungen und die Einspeicherung und Verarbeitung in elektronischen Systemen.